LETTRES

DU

GENEVOIS LOUIS-ANDRÉ GOSSE

A SA MÈRE

PENDANT SON SÉJOUR EN GRÈCE

(1826—1830)

PUBLIÉES AVEC UNE INTRODUCTION ET DES NOTES

PAR

Emile ROTHPLETZ

PARIS
ÉDITION ATAR
26, RUE St-DOMINIQUE

GENÈVE
ÉDITION ATAR
CORRATERIE, 12

1920

IMPRIMÉ EN SUISSE

LETTRES

DU

GENEVOIS LOUIS-ANDRÉ GOSSE

A SA MÈRE

PENDANT SON SÉJOUR EN GRÈCE

LETTRES

DU

GENEVOIS LOUIS-ANDRÉ GOSSE

A SA MÈRE

PENDANT SON SÉJOUR EN GRÈCE

(1826—1830)

PUBLIÉES AVEC UNE INTRODUCTION ET DES NOTES

PAR

Emile ROTHPLETZ

PARIS
ÉDITION ATAR
26, RUE St-DOMINIQUE

GENÈVE
ÉDITION ATAR
CORRATERIE, 12

1920

IMPRIMÉ EN SUISSE

INTRODUCTION

Lorsque le Dr Louis-André Gosse se rendit en Grèce (1826) pour se dévouer à la cause des Hellènes dans leur lutte contre les Turcs [1], sa mère vivait encore à Genève.

Madame Louise Gosse, née Agasse, naquit le 2 février 1757 et mourut le 1er décembre 1832. Elle avait perdu ses parents de bonne heure et passa une grande partie de sa jeunesse dans la famille de son frère Philippe [2]. En 1788, elle se maria avec le pharmacien Henri-Albert Gosse (1753-1816). Leur seul enfant fut Louis-André (né en 1791).

Lorsque la guerre gréco-turque éclata et que l'Europe s'enthousiasma pour la cause de la Grèce, Madame Gosse, femme « de caractère, vive, sensible et enthousiaste », permit à son fils de partir pour l'Orient — malgré ses in-

[1] Voir Rothpletz, Emile : *Correspondance entre deux philhellènes : le Dr. L.-A. Gosse et l'amiral lord Th. Cochrane.* Paris, Genève 1919, pag. 9.

[2] Voir Plan, Danielle : *Un Genevois d'autrefois : H.-A. Gosse.* Paris, Genève 1909, pag. 192.

quiétudes, car elle était très âgée et de santé délicate.

Madame Gosse faisait là un grand sacrifice, et son fils s'en souvint toujours avec gratitude. « C'est à toi, chère mère, écrit-il, que je devrai de pouvoir être utile à des milliers d'individus, c'est ton courage, ton dévouement qui me permettent de voler au secours des malheureux défenseurs de la Grèce, grâces t'en soient rendues... »

Les épîtres du Dr Gosse à sa mère — il en existe dix-neuf, conservées aux archives Gosse à Genève — datent de décembre 1826 à mai 1830. Elles sont publiées ici pour la première fois et nous font connaître l'activité de l'auteur pendant son séjour chez les Grecs. « Que cette vie a présenté de contrastes! Tour à tour, *commissaire, docteur, secrétaire, courrier de cabinet, négociateur, diplomate, trésorier*, etc., etc., C'est une véritable bigarrure », écrit-il dans sa huitième lettre.

Enthousiasmé, le Dr Gosse parle de l'amiral lord Cochrane, son supérieur, et avec fierté il annonce qu'il était *son ami* : « C'est le titre qu'il daigne m'accorder dans toutes les occasions, dans les assemblées publiques, et juge de l'intérêt que doit m'offrir l'amitié d'un homme comme celui-là. »

De sa propre santé pendant l'épidémie de peste en Grèce, le Dr Gosse ne dit pas grand'chose, quoiqu'il soit tombé très malade dans une de ses courses médicales [1]. Au contraire, il pense toujours à celle de sa mère, il en est toujours un peu inquiet, et c'est peut-être cette circonstance qui lui fait supprimer la mention de sa rencontre avec le lieutenant bavarois Schilcher, autre philhellène résidant à Poros [2].

Cet événement reste obscur et mystérieux; car on sait seulement — d'après une lettre inédite du Dr Gosse à Schilcher [3] — que le lieutenant, offensé dans une discussion avec le docteur, avait provoqué le jeune médecin. Nous ne connaissons pas d'autres détails de cette affaire [4], ni l'issue du duel. Une réconciliation a-t-elle peut-être eu lieu?

Voici la teneur de la lettre :

« Poros, 23 août/4 septembre 1827.

« *A Monsieur Schilcher, lieutenant à Poros.*

« Monsieur,

« Je suis loin de vous refuser la satisfaction que « vous désirez, puisque mon discours vous a « offensé; mais encore je suis apprentif en escrime,

[1] Voir Rothpletz, Emile: *Correspondance Gosse-Cochrane*, pag. 16.
[2] Poros (chef-lieu de l'île du même nom): le domicile principal du Dr Gosse pendant son séjour en Grèce.
[3] Conservée aux archives Gosse.
[4] Voir Rothpletz, Emile: *Correspondance Gosse-Cochrane*, p. 116, lettre 71 et sa note.

« vous permettez de choisir le pistolet; quant au « lieu et à l'heure, je les laisse à votre disposition.

« J'ai l'honneur de vous saluer.

L.-A. Gosse. »

Les épîtres du Dr Gosse à sa mère méritent d'être éditées : elles sont, comme sa correspondance avec l'amiral lord Th. Cochrane, une contribution importante à l'histoire du philhellénisme suisse. De plus, en mentionnant des parents, amis et voisins de la famille Gosse, — noms connus et considérés, — elles nous font connaître des représentants d'une partie de la vieille société genevoise depuis longtemps disparue.

1.

Turin, 23 décembre 1826.

Ma bonne mère,

Je suis arrivé hier soir à Turin sous les meilleurs auspices. Parti le mardi soir par le courrier, la nuit a été fatigante sans être désagréable. Le lendemain à 7 heures, je suis arrivé à Chambéry et j'ai rencontré M. de Vangeron qui n'avait pas pu partir par la diligence de Turin et qui m'attendait. A l'instant j'ai changé mes dispositions, j'ai rendu ma place au courrier et nous nous sommes arrangés avec un voiturier qui nous a conduits jusqu'à Lanslebourg, au pied du Mont-Cenis; la compagnie était joyeuse, les chemins beaux, et notre santé parfaite. Dès le soir même de notre arrivée à Lanslebourg, c'est-à-dire avant-hier, nous louâmes un traîneau et, favorisés par un temps magnifique et un clair de lune éclatant, nous avons traversé le Mont-Cenis dans la nuit, le plus heureusement possible, et figure-toi comme nous avons été favorisés : c'était le premier jour qu'il n'y eût pas eu de tempête et de chute de neige. Le froid était piquant malgré les pelisses, les sacs, etc. Il fallait toute la chaleur de notre âge et notre gaîté pour y résister sans prendre de mouvement ; à 2 heures du matin, nous avons bu à ta santé, et les vivats ont été répétés par les échos des environs. Hier matin nous avons tout à coup passé du Spitzberg dans la zone torride en descendant le Mont-Cenis et arrivant à Suze. Le temps continue de se soutenir, notre santé est excellente, et notre courage doublé par la réussite de cette première partie de notre voyage. Les douanes mêmes se sont adoucies en notre faveur, aucune visite, aucune difficulté, aucun désagrément de passeport. En route nous avons rencontré mon *Génie de la lampe merveilleuse* [1] [G. Kaering], et c'est en sa compagnie que nous avons fait hier soir notre entrée dans Turin. Ce soir nous repartirons pour Alexandrie, Plaisance et Parme; nous marchons jour et nuit et nous espérons ainsi arriver à Ancône le 26 ou le 27 au plus tard. Les formalités de passeports et quelques achats nous forcent de rester ici quelques heures. Je ne suis pas fâché de me reposer, car après avoir passé plusieurs nuits sans dormir, j'étais comme un homme ivre et égaré. Dès mon arrivée à Ancône, je t'informerai de mon départ, mais dans tous les cas, si tu as quelque chose à m'écrire, il conviendra d'adresser tes lettres à MM. Semiani et Cie, à Ancône.

Adieu ma bonne mère, mes amitiés à la famille Céard [2] et en particulier à ton aimable secrétaire [3], à tous nos bons voisins et parents; je prie Louise de te bien soigner et la charge d'une grande responsabilité, mais aussi veuille je t'en supplie ne pas abuser de tes forces et de ton activité. Suis ponctuellement les conseils de notre cher ami Jean-

[1] *La lampe merveilleuse*, un conte arabe (voir les *Mille et une nuits*).

[2] La famille Céard : Rob.-Louis-Adolphe Céard (1781-1860), procureur général ; son épouse Béatrice, née Boin et ses filles Suzanne et Adélaïde

[3] Mlle Louise-Etiennette Agasse.

Louis , afin que j'aie le bonheur de te trouver rajeunie à mon retour.

Adieu, encore une fois adieu.

Ton fils dévoué

L.-A. Gosse.

N.-B. A l'exception de ton secrétaire, je te prie de ne point faire lecture de mes lettres à ceux qui pourraient te demander de mes nouvelles; informe-les de ce qui m'arrive sans entrer dans les détails; mon style n'est point assez soigné pour être soumis à la critique d'un public enclin à se moquer de tout, ou à blâmer les expressions les plus innocentes.

2.

Nous voici arrivés à Ancône, mon excellente mère, et en très bonne disposition. Ma dernière lettre datée de Turin t'annonçait notre séjour dans cette ville pour le visa de nos passeports, nous en sommes repartis le 23 au soir et, voyageant jour et nuit, nous avons atteint Plaisance le 25; la culbute de notre voiture dans la boue à minuit et dans l'obscurité n'a point diminué notre gaîté et des écuries pour auberge n'ont point vidé notre bourse. A Parme, j'ai eu le plaisir de voir notre cher cousin Cavagnari; il s'est montré empressé à nous obliger et s'était chargé de te donner de nos nouvelles. Je passe sous silence les petits ennuis des douanes, ils

[1] Jean-Louis Prévost, Dr en méd.

sont inséparables d'une traversée dans de petits Etats dont les souverains cherchent à s'enrichir aux dépens de leurs peuples et des passagers; mais je dois reconnaître les attentions délicates dont nous avons été l'objet dans plusieurs bureaux qui sont ordinairement disposés à entraver les voyageurs; aucune visite désagréable, aucune contrariété politique, et c'est hier soir que nous avons enfin gagné le port d'Ancône, après huit jours de marche forcée. Aussitôt j'ai remis les lettres de M. Eynard à son chargé d'affaires et celui-ci, pour favoriser notre départ, a retenu nos places sur un beau navire qui doit faire voile demain soir pour Napoli de Romanie si le vent est bon. Le temps jusqu'ici a été magnifique, un soleil de printemps nous a constamment accompagnés et nos pelisses nous ont garantis, parfaitement garantis, de la fraîcheur des nuits; notre petit bagage n'aurait même point souffert de ce voyage sans une étourderie d'un de mes camarades qui hier matin a cassé mon baromètre. Cet accident m'a fait d'autant plus de peine que je ne pus pas le réparer ici; il faudra donc prier M. Mayor de m'en procurer un autre bien établi, pour mesurer les hauteurs, et l'envoyer par une occasion sûre soit à Marseille, soit à Ancône et dans le plus bref délai. Je suis enchanté d'avoir fait une bonne provision de vêtements avant de partir pour la Grèce, car si je juge par la ville d'Ancône, ville de commerce et port franc, on y est furieusement en arrière pour tout ce qui regarde les commodités de la vie; au reste, je suis disposé à des sacrifices, et un de plus ou de moins ne fait pas grand'chose. On n'a reçu aucune nouvelle de la Grèce depuis longtemps; cependant elles ne paraissent point défavorables à la bonne cause et dès que je serai arrivé là-bas je m'empresserai de vous en donner. Mon œil est, Dieu merci, presque entièrement guéri et surtout depuis que j'ai un peu dormi il va beaucoup mieux; ainsi je suis on ne peut mieux disposé et mes camarades me témoignent un intérêt vif et soutenu. Je m'attendais à trouver de vos lettres poste restante, et j'ai éprouvé un désappointement de la réponse négative des employés; peut-être demain serai-je plus heureux, et je n'aurai pas à vous adresser des reproches de négligence; dans tous les cas, MM. Semiani et Cie me feront parvenir les lettres qui pourraient être en retard, car on trouve ici tous les quinze jours des occasions pour la Grèce. Je compte écrire ce soir quelques lignes à M. Eynard; il voudra bien se charger des commissions ultérieures dont je sentirai la nécessité et c'est à lui qu'il faudra remettre les dépêches, à moins qu'il ne juge convenable que vous les envoyiez directement à Ancône.

M. de Vangeron et M. Kaering me prient de les rappeler à ton souvenir; plusieurs fois en route ils ont bu à ta santé, et ils ne cessent de me féliciter d'avoir une mère si bonne et si courageuse, si peu égoïste et si résignée; si tu savais combien ces témoignages d'amitié me sont agréables et combien je suis pénétré de reconnaissance du sacrifice que tu as bien voulu faire en faveur de l'humanité !

Mille choses amicales à la famille Céard. Dis à Mme Le Texier que son portefeuille ne me quitte pas et me rappelle à chaque instant les attentions délicates dont elle n'a cessé de me combler.

Lorsque tu iras à la société du mercredi ne manque pas de présenter mes hommages aux aimables dames qui la composent et fais en particulier mes compliments affectueux aux amis Prévost et Rath.

Adieu, chère maman, compte sur mon exactitude à te donner de mes nouvelles, et ne t'inquiète pas si elles sont retardées, les courriers sur mer ne peuvent pas offrir une régularité absolue.

Mes amitiés aux excellents voisins qui t'environnent et qui sans doute me remplacent parfaitement auprès de toi; je recommande à Louise qu'elle te dorlote cet hiver et qu'elle s'oppose aux imprudences que tu serais tentée de commettre; enfin je te prie en particulier de soigner ta santé qui m'est si précieuse et de te conserver dans cette excellente disposition jusqu'à mon retour.

Ton dévoué fils

L.-A. Gosse.

Ancône, 29 décembre 1826.

3.

Zante, 18 janvier 1827.

Ma chère mère,

Après une traversée de quinze jours, me voilà enfin arrivé à Zante et je m'empresse de te donner de mes nouvelles avant de repartir pour la Morée. Je t'ai annoncé mon embarquement à Ancône; il eut lieu le 31 décembre, et le temps semblait d'abord nous favoriser; mais arrivés dans l'archipel de la Dalmatie nous avons été assaillis par un violent ouragan qui nous a forcés d'aborder dans un port de l'île de Curzola; pendant quatre jours nous avons été ballottés sans pouvoir continuer notre route; le ciel s'éclaircit enfin et nous remîmes à la voile, mais à peine avions-nous fait une journée qu'un vent impétueux du sud nous força de louvoyer pendant trois jours à l'entrée du golfe de Venise. Ce n'est que depuis le 13 janvier que nous parvînmes à le franchir et le 16 nous entrâmes dans le port de Zante. Pendant tout ce temps j'ai été assez incommodé, d'abord par le mal de mer, par des indigestions et surtout par des exhalaisons pernicieuses qui s'échappaient de notre chargement de farines dont la fermentation s'était emparée. Heureusement ce malaise s'est dissipé promptement dès que les causes qui le produisaient ont cessé d'agir et, à l'exception d'un peu plus de maigreur, je me trouve parfaitement dans mon assiette. Tout le monde nous félicite de notre heureux et prompt voyage. L'hiver a été des plus mauvais dans ce pays; depuis quatre mois il ne fait que pleuvoir, et depuis quarante jours les communications avec Corfou et avec l'Italie avaient été complètement interrompues; ainsi je ne dois pas me plaindre du conseil que m'avaient donné mes correspondants à Ancône d'abandonner le voyage par terre le long de la mer Adriatique, passant par Otrante et Corfou. Les chemins sont tellement gâtés par les torrents qu'ils sont devenus impraticables dans certains endroits, et c'est ce qui m'engage à renoncer de même à mon plan de voyage à travers la Morée. Je préfère donc de nouveau me rembarquer et je pense que cela aura lieu aujourd'hui ou demain; d'ailleurs j'arriverai assez à temps pour remplir convenablement ma mission; l'assemblée nationale grecque qui doit se réunir à Egine près d'Athènes, n'est point encore convoquée et notre amiral C[ochrane] ne paraît point être encore près d'arriver à Hydra.

Les affaires de Grèce vont bien, des victoires partielles ont été remportées et M. Eynard doit en avoir reçu les détails; l'union tend à s'établir entre les chefs, le colonel Fabvier chemine dans le sens de la nation, Ibrahim pacha a reçu des vivres et de l'argent, mais aucun renfort, en sorte que le voyage de Morée n'aurait été accompagné d'aucun danger si je l'avais entrepris. Nous commençons à nous trouver au milieu d'une population étrangère. Déjà le costume des habitants de Zante se rapproche de celui de la Morée, mes oreilles s'habituent à la langue nouvelle que je dois étudier; la manière de vivre n'est point aussi barbare qu'on le pense, je pourrais dire qu'il y a même du luxe à certains égards; il est 7 heures du matin, sous mes fenêtres passe un troupeau de chèvres en clochettes qui descendent des montagnes pour me fournir un excellent déjeuner; partout des cafés, des restaurants à la française, de fort bonne viande, des fruits délicieux, des légumes comme au printemps. Avant-hier nous avons fait une excursion dans les environs. Tout le pays est couvert d'oliviers, de vignes qui fournissent les raisins de Corinthe ou Passule. Là sont de charmantes maisons de campagne, des jardins couverts d'orangers, de citronniers, de cédrats, ombragés par des lauriers, des cyprès. Ici l'on voit croître d'énormes aloès, des cactus à côté de la violette, de la rose et de la jacinthe. Les cerisiers, les amandiers commencent à repousser des feuilles, en un mot on se croirait parfois transporté dans les jardins des Mille et une nuits. Toutes ces beautés de la nature ne m'empêchent cependant point de penser bien souvent à Genève, à mes bons amis, à vous isolément, chère maman, et à la nécessité de remplir ma mission ici le plus promptement et le plus honorablement possible pour retourner auprès de toi et pour soigner tes vieux jours.

Mes compagnons de voyage continuent de me témoigner les égards les plus délicats et me chargent de présenter leurs hommages au chef grec qui se joint à nous pour aller à Napoli et pour me servir de Mentor, et je dois loger chez Tombazi qui a tout fait préparer pour me recevoir. Je continue donc d'être un enfant gâté et j'en profite.

Je me suis assuré que les occasions qui partent d'Ancône pour la Grèce sont plus fréquentes que celles de Marseille; par conséquent il faudra choisir la première de ces voies, lorsque vous aurez quelque chose à m'expédier, des journaux ou des paquets. Si quelque voyageur par exemple se rend à Sinigaglia, tu me feras le plaisir de lui remettre une ou deux cafetières à filtre en les faisant vernisser grossièrement, et, en déclarant qu'il s'en sert pendant le voyage, on ne lui fera aucune difficulté aux douanes. Je te prie de dire à M. Mayor qu'il a oublié, dans la liste des instruments envoyés à Marseille, des seringues grandes et petites; il devra chercher quelque moyen de nous les procurer ultérieurement.

Adieu, ma bonne mère, je te promets de mes nouvelles ultérieures dès mon arrivée à Napoli et même plus tôt si j'en trouve l'occasion. Si le temps est bon, c'est une affaire de six jours; mille choses amicales à la famille Céard, à Mlle Rath, aux excellents MM. Prévost, à la société du mercredi, enfin à tous ceux qui daignent s'intéresser à mon sort.

(Mme Ducrest et Mme Vignier.) Adieu, chère maman, je souhaite de tout mon cœur que ta vue te permette de lire ce griffonnage, mais si cela n'est pas possible ne néglige pas les conseils de l'ami Prévost et les soins de Dupin.

Ton dévoué fils

L.-A. Gosse.

[*P.-S.*] Je recommande à Louise de bien te soisoigner pendant mon absence, d'empêcher que tu ne commettes des imprudences et je la remercie d'avance de tout ce qu'elle pourra faire pour ton agrément ou ton utilité. Mon souvenir amical à ton aimable secrétaire.

Je te prie de prendre des informations sur M. Lunzi, jeune homme natif de Zante et qui doit habiter à Genève. S'il s'y trouve encore, fais-lui savoir que j'ai eu l'avantage de connaître Mme sa mère, qu'elle se porte bien et qu'elle sera charmée de recevoir un peu plus souvent de ses nouvelles. Veuille aussi informer M. le comte Capo d'Istria que, n'ayant point débarqué à Corfou, je n'ai pu remettre la lettre dont il m'avait chargé pour son frère [Viaro], mais que je la lui ferai parvenir incessamment.

Nous sommes depuis deux jours dans les fêtes religieuses des Trois Rois et de l'Epiphanie. Tu te serais bien amusée hier d'assister au baptême de la mer et tu aurais comme moi béni la Providence de nous avoir fait naître dans un pays libre de superstitions grossières et de pratiques religieuses aussi absurdes.

4.

Mon excellente mère,

Nous voilà déjà arrivés au 13 février, presque deux mois depuis mon départ de Genève et je n'ai pas eu le bonheur de recevoir de tes nouvelles. Je t'ai adressé trois lettres, une de Turin, la seconde d'Ancône, la troisième de Zante et aucune réponse. Le temps paraît bien long, quand on est dans l'attente et qu'on est éloigné de ses amis, mais je prends patience en pensant au bien que je puis faire dans ce pays, et, Dieu merci, je me vois en mesure de le faire ; ma santé se soutient malgré les variations brusques de température qu'on éprouve d'un jour à l'autre, et je le dois à mes précieux vêtements d'hiver que j'ai emportés, à ces bonnes pelisses qui ne me quittent point; ma présence en Grèce comme administrateur contribuera à établir de l'ordre dans la comptabilité des comités grecs, et mes secours comme médecin seront loin, je l'espère, d'être superflus.

Nous avons été cruellement contrariés par la saison d'hiver dans notre voyage, et nous sommes encore le jouet des vents après quarante jours de traversée; que penses-tu de mon apprentissage comme marin et que penserais-tu de mon apprentissage en politique si tu connaissais tous les détails de mon séjour à Napoli, si tu m'avais vu lutter avec fermeté et prudence contre des voleurs titrés? Enfin nous sortons d'embarras, notre bâtiment a fait voile pour Spezia et une réception hospitalière nous a fait oublier les désagréments de quelques semaines; déjà je croyais pouvoir gagner le port tant désiré, lorsque les vents déchaînés ont exercé de nouveau leur fureur sur notre pauvre navire et j'ai débarqué seul et dans une chaloupe sur le rocher d'Hydra.

Depuis hier je n'ai eu qu'à me louer de la réception des habitants et du gouvernement de cette île, de l'ordre, de la propreté, de l'éducation; c'est un contraste auquel je ne suis plus habitué depuis mon départ de Genève. Dès mon arrivée je me suis occupé du choix des magasins et des mesures à prendre pour l'établissement des dépôts de vivres. J'ai tout obtenu, j'ai réussi dans toutes mes démarches, et j'ai déjà rempli une partie de ma mission. Notre convoi de vivres vient fort à propos, les besoins les plus pressants se font sentir, les troupes qui doivent débloquer Athènes sont privées de ressources alimentaires, et, si l'on n'arrive pas à temps pour leur en porter, nous verrons succomber cette antique capitale des beaux-arts. Je dois en conséquence m'embarquer dès aujourd'hui avec des provisions, et c'est au milieu des embarras que je t'adresse quelques mots d'amitiés et de reconnaissance. C'est à toi, chère mère, que je devrai de pouvoir être utile à des milliers d'individus, c'est ton courage, ton dévouement qui me permettent de voler au secours des malheureux défenseurs de la Grèce, grâces t'en soient rendues, grâces surtout à la divine Providence qui nous a inspiré le bien et qui nous prête son assistance pour l'exécuter!

Ma malle n'est point encore arrivée de Marseille, je suis impatient de la recevoir, mais bien plus encore de pouvoir être témoin de l'accueil flatteur qui se prépare ici à lord C[ochrane]. Dieu veuille qu'il n'éprouve aucun retard dans son voyage, et qu'il se montre le digne défenseur de la cause de la liberté!

Adieu, mon excellente mère, ne sois point inquiète de mon sort et compte toujours sur ma prudence, sur le désir qui m'accompagne sans cesse de te revoir le plus promptement possible, et de contribuer à ton bonheur pendant le reste de ta vie.

Mille amitiés à nos chers parents et amis.

L.-A. Gosse.

Hydra, 13 février 1827.

Ma chère mère, je reprends la plume pour te dire un petit bonjour quoique éprouvant quelque difficulté à écrire par suite d'une chute que j'ai faite hier soir sur le poignet.

Je continue de me bien porter, et je travaille avec zèle pour remplir ma mission avec fruit. Monsieur Kaering m'est fort utile dans cette occasion et nous vivons en très bonne intelligence. Notre habitation est la superbe maison de Tombazi ; les parquets de nos chambres sont en marbre et, en l'absence des maîtres, nous pouvons disposer de tout l'emplacement.

Hydra est une fort belle ville, mais les rues, ou plutôt les escaliers rocailleux qui les remplacent sont si abominables, que j'en suis encore à mon apprentissage, obligé constamment de m'appuyer contre les murs et de cheminer très lentement, au risque de faire des culbutes comme il m'est arrivé déjà plusieurs fois. Le caractère de ses habitants est d'ailleurs peu aimable, ils vivent comme des loups-garous; s'il s'établit un médecin il faut qu'il guérisse ses malades, sinon on le menace d'un petit stylet. Tu conçois que quels que soient mon zèle et mes connaissances, il serait imprudent de se hasarder dans une pratique aussi épineuse; quant à l'hôpital je ne puis encore y penser, mon séjour en Grèce n'étant point encore fixé.

Je te prie de prendre le plus grand intérêt à tout ce qui regarde le jeune Tombazi; sa famille est des plus respectables et me comble d'amitiés; en vérité je ne sais comment leur réciproquer toutes les honnêtetés dont je suis l'objet.

J'ai reçu un paquet de lettres, mais fort ancien; il est du mois de décembre avec une lettre de Mme Le Texier; profitez de toutes les occasions pour m'envoyer de vos nouvelles.

L[ord] Cochrane n'est pas encore arrivé, c'est un grand malheur!

Adieu, ton fils dévoué

L.-A. Gosse.

Hydra, 25 février 1827.

5.

Hydra, 5/17 mars 1827.

Puis-je laisser partir une occasion pour l'Europe sans t'adresser l'expression de mon dévouement filial, sans te remercier du sacrifice que tu as fait en me laissant partir. Ah! je le sens vivement ce sacrifice, car j'éprouve par moments tous les inconvénients de l'isolement dans un pays étranger.

Néanmoins je prends courage en pensant au bien que je puis faire, aux améliorations que je cherche à introduire dans une administration jusqu'ici négligée; il faut avoir été sur les lieux pour juger du gaspillage, des désordres qui existent ici, il faut s'armer d'une triple patience pour voir avec calme, sans dépit, l'indifférence des individus grecs, ou leur égoïsme dans tout ce qui concerne la chose publique; ils n'ont aucune idée de patriotisme, et comment l'auraient-ils? Ils n'ont connu dans leur patrie que dissensions, troubles, anarchie.

Je souffre donc moralement de cet état de choses, car pour le physique jamais je n'ai été mieux portant, ni mieux disposé; l'activité que je suis forcé de déployer m'est très favorable; toujours surmené, voguant d'une île à l'autre, faisant des excursions presque tous les jours (lorsque je ne suis pas à Hydra). Mon estomac s'est singulièrement fortifié, je mange des œufs cuits durs, de la chicorée crue sans apprêt, des fèves, des lentilles, des haricots, des choux-fleurs, etc., etc., sans en être le moins du monde incommodé, l'huile d'olive me va à merveille; je me suis nourri dans ce carême d'olives, de caviar, de poulpes. Tout est bon. J'ai goûté même de la vie de soldat; j'ai bivouaqué sur des rochers près d'Athènes, j'ai cheminé presque toutes les nuits, jamais je n'ai été plus alerte; il est vrai que je me précautionne contre le froid et contre les abus de régime, je suis presque toujours dans ma pelisse malgré la chaleur du soleil de Grèce, et dans mes excursions ma seconde pelisse et mon grand sac de peau de mouton ne m'abandonnent jamais. Il est remarquable combien l'opinion que j'ai émise sur les causes des maladies dans les pays chauds se trouve confirmée par les faits ; après avoir vécu dans ces mêmes pays je n'aurai rien à y ajouter, ce résultat est sans doute satisfaisant. Jusqu'à ce jour je n'ai été qu'administrateur, il n'est pas question d'hôpital avant qu'il y ait quelque chose de décidé relativement à l'arrivée de lord Cochrane, il n'est presque pas question de pratique particulière, vu l'instabilité de ma résidence, il n'en est surtout pas question à Hydra, malgré la pénurie des secours médicaux, je n'ai pas résolu de me casser le col ou de me faire assassiner, et l'un ou l'autre ne manquerait pas de m'arriver dans une ville où une populace sans frein déteste les lois et même les étrangers qui leur apportent des secours. En attendant, je suis logé dans un superbe palais avec M. Kaering; nous avons nos coudées franches, car nous occupons environ dix-huit à vingt chambres, en compagnie de trois ou quatre chats et d'un petit domestique; dans la journée notre cuisinier s'occupe à nous être utile et agréable, et nous prépare trois repas : un déjeuner de café à l'eau et de pain au beurre, un dîner à midi et un souper à 7 heures; des visites se succèdent et ne nous empêchent pas de continuer notre correspondance; on se lève à 5 h., on se couche à 9 et on trouve le temps beaucoup trop court. Telle est ma vie, chère maman, elle est non moins active que celle de Genève, mais dirigée dans un autre sens, car je suis devenu un scribe impitoyable; déjà mon copie de lettres touche à sa fin, et si cela continue il faudra que je trouve quelque autre moyen d'économiser le temps. J'espère que M. Eynard sera content de ma correspondance, il la trouvera dirigée avec ordre et intelligence, et s'il me témoigne de la confiance, s'il a égard aux rapports que je lui ai envoyés, ses finances s'en trouveront bien.

Il s'en faut bien cependant que j'aie à me plaindre de tous les Grecs, j'en ai rencontré de fort honnêtes, mais ils sont en petit nombre dans la classe commerçante. Les Tombazi, les Miaulis, voilà des hommes comme il faut, voilà de bons patriotes, aussi quels moments agréables je passe dans leur société, quand mes affaires me permettent de les visiter, quel soulagement j'éprouve en profitant de leurs conseils. L'accueil que j'ai reçu en Grèce est des plus flatteurs, mais cela ne me suffit pas, je cherche du solide et ne trouve pour l'ordinaire que du clinquant ; ce n'est qu'auprès de MM. Miaulis et Tombazi que j'ai rencontré cette pierre philosophale.

M. Kaering, mon grand compagnon de voyage, continue de m'être attaché, je ne puis assez me louer de ses prévenances et de son ordre ; s'il a commis quelque faute dans son pays, son cœur, je crois, n'y a été pour rien, car il est bon, même faible et un peu mou; mais je lui donne de fiers coups d'éperons et il m'en adresse quelquefois des reproches. Quoi qu'il en soit, je suis charmé d'avoir pu lui rendre service, et j'espère pouvoir compter sur sa reconnaissance; il me charge de te présenter ses hommages. M. de Vangeron, l'officier prussien, est au camp d'Athènes, c'est un original qui m'a donné de l'embarras et causé quelques désagréments; Dieu veuille, pour l'amour de la Grèce, que tous les philhellènes ne lui ressemblent pas!

Il y a de quoi rire de lui voir faire sa toilette, deux heures ne lui suffisent pas; il y a de quoi gémir sur son peu de courage, les Turcs n'auront pas à souffrir de ses atteintes; beaucoup d'amour-propre et de vanité, beaucoup d'ignorance, assez d'ambition, presque pas de moyens, tel est en deux lignes le tableau moral de M. de Vangeron. Je dois cependant ajouter en sa faveur qu'il m'a paru honnête, ponctuel, et homme de parole, que le fond de son caractère est bon...

Je ne t'ai pas parlé de ma garde-robe, ah! ce n'est pas le côté brillant de mon équipée, mes pauvres chemises sont en bien mauvais état, mes cravates devenues la proie de quelques filous, et mes habits ne supporteront pas deux campagnes, mais enfin patience, patience et encore patience; tu me verras revenir avec un accoutrement candiote, une superbe moustache moitié brune, moité rousse, un teint tant soit peu négrillon, pour mon ménage une longue pipe, un poignard turc et une paire de pistolets. Je te vois déjà faire des exclamations, pousser des plaintes, mais je te dirai aussi : Patience, *tout va pour le mieux dans le meilleur des mondes;* et quand je serai de retour auprès de toi, tu retrouveras, je l'espère, ton fils tel que tu l'as laissé, toujours plus attaché à ta personne et désirant contribuer chaque jour davantage à ton bonheur et à ta tranquillité; apprends-moi que tu fais un petit voyage agréable pendant mon absence.

Je languis de recevoir quelques nouvelles de Genève, de ta santé, de ta vue; trois mois se sont écoulés, j'ai écrit onze lettres, dont cinq à M. Eynard, quatre à toi et deux à Mme Le Texier, et deux réponses à ma lettre de Turin me sont seulement parvenues. Je ne mets pas en doute qu'on arrête notre correspondance à Ancône ou à Zante; ainsi fais arriver tes lettres par voie de Trieste ou de Marseille; M. Collioud voudra bien se charger de leur expédition dans la première de ces villes, et je viens d'écrire à M. Wessel, correspondant de notre cousin Audeoud-Binet, afin qu'il dirige notre correspondance sur Malte ou Syra, d'où les occasions ne manquent pas.

Adieu chère maman, fais mille amitiés à nos bons parents Agasse et Audeoud, à nos excellents voisins Ducrest, Vignier, à Louise; présente mes hommages respectueux aux dames qui composent ta société, à Mmes Céard, Mme Masbou, et mon souvenir affectueux à mes chers collègues Prévost et Dupin.

Ton fils dévoué

L.-A. Gosse.

6.

Hydra, 17 mars 1827.

Ma bonne mère,

Tu me trouveras infatigable à te donner de mes nouvelles, je t'ai promis une correspondance active et je tiendrai ma parole. Je viens de t'écrire une lettre par voie de Marseille, elle contient quelques détails sur mon existence en Grèce; que de choses me restent encore à te dire, que d'anecdotes piquantes à te raconter, mais le temps me manque et je dois me borner à l'essentiel. Ma santé est excellente, mon énergie morale est la même, l'utilité de ma mission administrative, incontestable, l'importance de mon voyage comme médecin jusqu'à ce jour, nulle, que faire sans médicaments, sans instruments, sans domicile fixe, un jour ici, demain là? J'espère aussi être utile au musée de nos amies Mlles Rath, déjà j'ai recueilli une centaine de vases funéraires; trois chapiteaux en marbre blanc à Poros et un bas-relief de l'île de Délos m'ont été promis ; ma collection de médailles s'augmente insensiblement et j'ai commencé ma récolte d'histoire naturelle; mais tout cela est dans l'enfance, je suis administrateur avant tout et ce n'est pas une petite affaire dans un pays où tout le monde a les doigts crochus; je suis conciliateur politique, et c'est la mer à boire lorsqu'il s'agit de réunir des partis qui se portent une haine invétérée, qui n'ont souvent point de patriotisme, et dont les intérêts particuliers toujours en opposition avec le bien général dirigent la conduite.

Ma vie en Grèce n'est au reste point désagréable et je me suis promptement mis au niveau des habitudes nationales, M. Tombazi dit n'avoir jamais vu d'Européen qui ait modifié aussi facilement que moi son existence sociale. Je bois beaucoup de café à l'eau et il est excellent quoique un peu épais, je fume ma pipe comme les autres lorsque je suis en société, je n'ai pas besoin de chaise pour prendre place dans le cercle des fumeurs, ni pour m'asseoir à table (elle n'a que six à huit pouces de hauteur); les tapis de Turquie me plaisent beaucoup, tu en sais quelque chose, et depuis mon enfance je suis accoutumé à un régime sobre. On vit peu avec les dames, mais les médecins jouissent de quelques privilèges et j'en profite; d'ailleurs la conversation des dames grecques n'est pas très attrayante, elles ont en général de l'ignorance et des préjugés, et puis enfin elles ne connaissent que la langue grecque et jusqu'à présent, malgré toute ma bonne volonté, malgré mon zèle pour acquérir quelque nouvelle connaissance, il m'a été impossible de m'occuper de l'étude de la langue grecque; j'écris en français toute la journée, les événements qui se pressent me forcent de converser avec les hommes instruits en français ou en italien, et jusqu'à présent je n'ai appris que des mots et sans pouvoir les assembler avec facilité.

Que faites-vous de votre côté à Genève ? Que devient mon journal [1]? On m'avait promis une collection et je ne reçois rien. Cette disette de vos nouvelles est ce qu'il y a de plus pénible dans toute notre affaire, je suis persuadé qu'on intercepte notre correspondance; elle dévoile tant de friponneries, elle découvre trop de défauts pour ne pas exciter la défiance de ceux qui sont intéressés à piller la bourse des comités et de M. Eynard, ou à ruiner la malheureuse Grèce.

La lettre actuelle sera remise à M. Collioud à Trieste; ce digne compatriote pourra, je n'en doute pas, favoriser notre correspondance ultérieure, car les départs des occasions pour l'Archipel sont fréquents à Trieste.

J'ai aussi profité de l'adresse de MM. Wessel et Cie à Marseille (les correspondants du cousin Audeoud-Binet) pour t'écrire, et pour t'indiquer une des voies les plus sûres pour écrire en Grèce par voie de Malte, de Syra ou de Milo.

Adieu, ma bonne et chère maman. Mille choses amicales à toutes les personnes qui s'intéressent à mon sort.

L.-A. Gosse.

[1] Le *Journal de Genève*. Le Dr L.-A. Gosse était un des fondateurs de cette gazette.

7.

Mon excellente mère,

Voilà bien des semaines que je ne t'ai pas donné de mes nouvelles et tu devrais être fort inquiète si je ne t'avais promis de t'écrire par des occasions sûres; or ces occasions ne se rencontrent pas tous les jours et la régularité de nos postes est loin d'être établie. Mes deux dernières missives te seront parvenues par voie de Trieste et de Marseille; elles avaient été composées à la hâte, aussi étaient-elles assez stériles, mais j'espère que M. Eynard t'aura communiqué les passages de sa lettre qui peuvent t'intéresser et tu me pardonneras sans doute en raison de la multiplicité de mes occupations. Malgré mon activité soutenue, malgré l'empressement qu'on met à m'aider, je ne puis faire face à tout; les travaux s'accumulent et je me trouve entraîné par le tourbillon. Tour à tour conciliateur, conseiller, ordonnateur, commissaire général, payeur, négociant, secrétaire, médecin, je suis devenu un véritable arlequin; mon habit, du moins, en porte la livrée; quant au cœur, il n'a pas changé, j'en réponds, et il ne changera point, malgré la force des événements, malgré les contrariétés qui s'élèvent à chaque pas.

Cochrane, ce grand, ce noble général est enfin arrivé; dès lors mon existence prend une autre face, le mouvement a remplacé l'inertie, et notre courage abattu a repris un nouvel essor; Cochrane est arrivé en Grèce; les partis se sont tus, la guerre civile sur le point d'éclater n'a point eu lieu; des expéditions se préparent, des plans s'exécutent, et l'ordre s'est établi. Cochrane est arrivé, et une nouvelle forme de gouvernement plus stable vient d'êre adoptée, Capo d'Istria est élu président pendant sept ans, le général Church, brave militaire accoutumé à conduire des troupes grecques, est nommé commandant en chef; l'armée s'organise et, grâce aux efforts combinés de ces Messieurs, Athènes n'en doutons pas sera promptement libérée. Voilà l'effet produit par l'apparition de Cochrane. Dire que les partis sont éteints, que les passions se taisent, que le courage des troupes est retrempé, ne serait pas parler juste; mais il est certain qu'il y a dans ce moment plus d'union et d'enthousiasme que dans toute autre époque de l'histoire grecque moderne. D'ailleurs je ne puis assez te répéter combien je me trouve heureux d'être attaché à Milord Cochrane, combien son caractère est aimable, combien son cœur est bon et ses manières larges, nobles, franches; aussi je suis *son ami*, c'est le titre qu'il daigne m'accorder dans toutes les occasions, dans les assemblées publiques, et juge de l'intérêt que doit m'offrir l'amitié d'un homme comme celui-là.

Ma santé se soutient, Dieu merci, malgré les courses et les fatigues; il est vrai que je mène une vie très sobre, très réservée et surtout que je prends garde de ne pas m'exposer au froid; c'est ici comme à Genève le froid qui cause la plupart des maladies, et la théorie médicale que j'ai publiée se trouve confirmée par tous les faits que je puis recueillir; je languis beaucoup de connaître le jugement qu'en auront porté MM. mes collègues de France, d'Angleterre et d'Allemagne et ce que devient la vente de l'ouvrage et la traduction italienne de M. Galli; en attendant je serais bien aise qu'on m'en fît parvenir cinq ou six exemplaires afin que je puisse en faire présent ici à quelques hommes instruits, capables de peser mes opinions neuves et originales. [1]

Une excellente occasion va bientôt s'offrir pour m'expédier cet envoi; dans dix ou quinze jours environ nous expédierons une goélette directement pour Marseille, elle portera notre correspondance à Genève et attendra les réponses; ainsi donc vous aurez le temps de nous faire parvenir tout ce dont nous pouvons avoir besoin et à peu de frais. Je te prie en particulier de présenter mes hommages respectueux à M. Capo d'Istria, à le presser au nom de sa patrie à venir le plus tôt possible en Grèce et s'il en a les moyens avec un corps de troupes suisses. Je te prie aussi de te rendre auprès de M. Eynard, de lui annoncer les événements du jour, de lui faire sentir la nécessité de préparer de l'argent, *beaucoup d'argent* pour terminer la guerre. On vient de recevoir la nouvelle de la prise d'une corvette turque et une seconde doit tomber incessamment entre nos mains. Les choses vont bien et, Athènes délivrée, elles iront encore mieux. J'écrirai à M. Eynard par l'occasion de Marseille et je te charge de lui dire mille choses amicales et respectueuses de ma part, ainsi qu'à Mme son épouse.

Adieu, chère mère, le bâtiment qui prend ma lettre met à la voile.

Mon souvenir affectueux à ton aimable secrétaire, à sa chère famille, ainsi qu'à nos bons amis.

Poros, 17 avril 1827.

L.-A. Gosse.

[1] Dans son ouvrage: *Des Maladies rhumatoïdes* (Paris, Genève 1826).

P.-S. J'ai reçu diverses lettres en réponse à celles que je vous avais adressées d'Ancône et de Zante, et je vous remercie de tout mon cœur des détails intéressants que vous me donnez sur Genève et sur ses habitants. Si vous connaissiez la valeur qu'a pour moi cette histoire de famille! J'ose me flatter que je n'en manquerai pas à l'avenir. M. le colonel de Heydeck me charge également de présenter ses hommages à M. Eynard; c'est un bon ami et un brave collègue.

8.

Mon excellent mère,

Depuis les lettres expédieés par voie de Malte et Trieste, tu dois en avoir reçu une troisième par Zante et Corfou ; je t'y traçais le tableau de ma vie. Que cette vie a présenté de contrastes! Tour à tour *commissaire, docteur, secrétaire, courrier de cabinet, négociateur, diplomate, trésorier*, etc., etc. C'est une véritable bigarrure, et si j'avais eu le caractère de Gil Blas de Santillane [1] je me serais cru presque destiné à jouer un rôle analogue au sien. Heureusement, malgré ces fatigues, malgré des courses journalières, malgré une tension soutenue du cerveau, malgré une foule de privations, ma santé s'est conservée intacte, mais aussi j'ai mis en pratique les préceptes que j'ai fait connaître dans mon ouvrage et je sers de preuve vivante de l'excellence de ma théorie. Depuis l'arrivée de lord Cochrane

[1] Voir le roman de Lesage : *Gil Blas de Santillane.*

3

surtout, mes occupations ont pris une tournure extraordinaire; l'intendance générale de la marine m'est pour ainsi dire tombée en partage, et des pleins pouvoirs ont mis à ma disposition tout ce qui concerne nos finances; or ce n'est pas une bagatelle quand on pense qu'il ne s'agit rien moins probablement que des revenus des îles de l'Archipel. Me voilà donc administrateur financier! Quel changement miraculeux s'est donc opéré dans mon fils? dirastu. Aucun, ma bonne mère, aucun quant au moral, un peu plus d'aplomb, plus de prudence, la même activité, le même zèle, voilà toute l'affaire. Tu conçois facilement que ces occupations multipliées m'ont éloigné de toute distraction, aussi les promenades d'agrément, l'histoire naturelle, les antiquités sont devenues pour moi des châteaux en Espagne! j'ai dû me consacrer à la cause grecque et ne considérer le reste que comme un accessoire.

Ainsi se sont écoulés rapidement près de six mois, ainsi se sont réalisées mes espérances, celles d'être utile à l'humanité et de mériter l'estime de mes semblables; puissé-je continuer à m'en rendre digne et te procurer du moins la satisfaction morale d'y avoir contribué par le sacrifice d'un fils qui te chérit! Quoi qu'il en soit, mon absence ne peut se prolonger beaucoup au delà du terme que nous avions fixé, tout me fait prévoir une terminaison prochaine des affaires, dans un sens ou dans un autre; la politique européenne s'en mêle sérieusement, et le résultat n'est pas douteux. J'ai reçu avec bien de la joie de tes chères nouvelles par l'entremise de ton aimable secrétaire; remercie-la de ses bons offices, dis-lui que ses lettres m'intéressent infiniment, que les détails valent leur pesant d'or, que la chanson de M. le *Garde des sots* [pour: le Garde des sceaux] m'a bien fait rire, dis-lui que l'intérêt que je prends à tout ce qui concerne sa chère famille n'est point affaibli par l'éloignement, et que je serais trop heureux de conserver ma place dans leur souvenir amical. Je voudrais bien aussi pouvoir me rappeler à la bienveillance de tous ceux qui reportent sur toi l'amitié qu'ils avaient pour moi; mais, si le temps s'oppose au tracé de leurs noms sur le papier, leur mémoire n'est point effacée ou même affaiblie dans mon cœur. Je te prie néanmoins de dire bien des choses amicales à mes braves collègues Prévost, Butini et Dupin, à la famille Prévost, à Mlles Rath, à nos parents Agasse et Audeoud.

Adieu, chère mère. Adieu, ma correspondance politique m'arrache d'un entretien que j'aurais bien désiré pouvoir prolonger avec toi. Excuse la brièveté de ma lettre, j'espère être moins laconique dans ma prochaine que je remettrai aux officiers bavarois à leur retour en Europe.

Si tu as quelque chose à m'envoyer, l'occasion actuelle est parfaite; gazettes, cafetières, etc., etc., tout sera reçu, tout me sera remis avec exactitude, en chargeant M. Eynard de cet envoi, car le porteur de la présente est le capitaine de la goélette de M. Sutton Cochrane et il doit revenir de suite en Grèce, dès qu'il aura reçu ses dépêches.

Adieu, ton dévoué fils L.-A. Gosse.

Poros, 14 a. st./26 n. st. mai [1827].

P.-S. M. Kaering se rappelle à ton bon souvenir, il est mon bras droit et je ne puis que me féliciter de cette acquisition.

M. le professeur de Candolle ne sera pas fâché si je ne lui envoye pas d'herbier grec, il me manque la chose essentielle pour la former, du *papier;* j'en avais commandé quinze rames à M. Wessel à Marseille, on devait me les expédier, mais elles sont encore vraisemblablement dans les magasins de ces Messieurs.

Je rouvre ma lettre pour m'entretenir quelques instants avec toi, ma bonne mère, le capitaine ne part que ce soir. Quelle excellente occasion pour te rejoindre! Dans un mois ou trois semaines, j'aurai le bonheur de te serrer dans mes bras. Allons, un peu de patience, quelques mois sont bientôt passés et du moins j'aurai accompli mon œuvre de charité...

J'aurais bien désiré pouvoir te donner un échantillon de mon style diplomatique, mais je n'ai pas trouvé le moment de recopier les pièces envoyées à M. Eynard; c'est auprès de lui que tu pourras te les procurer; je me suis moi-même étonné de la facilité que j'ai acquise dans la composition française, et je crains que cela ne soit que passager.

J'avais l'intention d'écrire à M. Capo d'Istria lorsqu'on m'a averti qu'il était à Paris et que ma lettre deviendrait inutile; nous languissons tous de le voir arriver ici. Une tête comme la sienne, accompagnée d'une bonne bourse et surtout d'une force armée européenne, aura le pouvoir de faire ce qu'il lui plaira, c'est-à-dire tout le bien dont il est capable. Déjà Cochrane a fait des prodiges en Grèce sous le rapport moral, mais il est seul et ne peut s'occuper en même temps des deux éléments, la présence du comte Capo d'Istria devient donc nécessaire et plus à présent que jamais.

Que devient ta santé, ta vue? On ne me donne pas

assez de détails sur ce point, et certes on oublie que je suis toujours *Monsieur le docteur ;* quels que soient les grades, titres, qualités, etc. dont je jouisse en Grèce, on oublie que ce qui tient à ta chère personne m'intéresse plus que toute autre nouvelle.

Sait-on quelque chose de mon ouvrage [1]? l'a-t-on bien critiqué, ou a-t-il trouvé des apologistes? Veuillez, je vous prie, me répondre à ces questions dans la première lettre, car enfin il n'est pas naturel que j'abandonne tout à fait mon pauvre nouveau-né; les communications d'ici avec l'Europe sont tellement difficiles que je n'ai pas encore reçu les six exemplaires que j'avais expédiés pour Corfou avant mon départ.

9.

Syra, 21 juillet/2 août n. st. 1827.

Ma bonne mère,

J'avais cru pouvoir répondre plus tôt aux lettres intéressantes de ton aimable secrétaire en date du 4 et 9 avril et du 2 mai 1827, mais des occupations multipliées, des voyages continuels, des discussions pénibles m'ont mis pendant des semaines dans l'impossibilité de saisir l'occasion favorable pour le départ de mes dépêches. Enfin j'ai le bonheur de trouver un homme obligeant, M. Soutzo, de Constantinople, mais Grec de nation, qui veut bien se charger

[1] L.-A. Gosse, Md. : *Des Maladies rhumatoïdes.* Genève, Paris, 1826.

de la présente et qui m'a même promis de se rendre à Genève; je compte sur son empressement à me rendre service pour te donner tous les renseignements désirables, sur ma position actuelle, sur les désagréments que j'ai éprouvés, et sur la fermeté que j'ai déployée; il te fera sentir la nécessité de prolonger mon séjour ici encore quelques mois afin de terminer honorablement la tâche que je me suis imposée. Malgré les Grecs, malgré les intrigues de ses primats, malgré la lâcheté de plusieurs d'entre eux, la Grèce sera enfin libre, l'indépendance de ce malheureux pays est reconnue et dans quelques jours son sort sera définitivement fixé. Dieu veuille la régénérer et la rendre digne des efforts qu'ont faits les peuples de l'Europe pour la sauver! Je serai heureux de rentrer dans ma patrie avec le sentiment d'y avoir coopéré dans ma petite sphère et d'avoir pu mériter la confiance de quelques hommes estimables qui ont combattu pour la même cause. Dans me dernière lettre, je t'annonçais la nature du poste que j'occupe; tu concevras facilement les obstacles que j'ai éprouvés dans un pays où tout est désordre et arbitraire, où le gouvernement est moins que nul, où le despotisme militaire règne sans frein et où le pauvre peuple, le bon peuple grec est sacrifié à la cupidité, aux passions d'un petit nombre d'intrigants. Après avoir remis mon commissariat à M. Kaering, tout en conservant une inspection générale sur les approvisionnements de la flotte, j'ai été obligé de faire un séjour à Syra, pour obtenir un emprunt de 20.000 piastres d'Espagne des négociants de cette ville, j'ai régularisé quelques-uns des impôts et je me suis transporté dans d'autres îles pour redresser les torts faits à la population marchande par les employés précédemment employés. En l'absence de lord Cochrane je suis accablé de pétitions: tantôt c'est une île qui est vexée par ses primats, tantôt les capitaines envoyés par le gouvernement qui lèvent des impôts illégaux, tantôt des troupes qui pillent les campagnes ou rançonnent les villages, tantôt des pirates qui ravagent les côtes, et pour remédier à tous ces maux je suis seul et sans force; c'est cette incapacité forcée de faire le bien dans les circonstances actuelles qui me fait le plus enrager. Heureusement que cet état de choses ne peut pas durer, et l'espérance d'un avenir moins sombre me soutient et me console. Mon titre d'administrateur des îles de l'Archipel n'est pas l'unique que j'aie ajouté à celui de docteur en médecine, j'ai été commandant d'une flottille, et en cette qualité j'ai escorté des bâtiments neutres, j'ai fait des prises turques et surveillé les pirates. Ce soir encore je me rends dans l'île de Thermia avec M. le colonel Urquhart, Ecossais, et quelques soldats, pour expulser trois cents brigands qui s'y sont établis et qui abusent des pauvres paysans; je me flatte de réussir dans cette expédition, car jusqu'à ce jour la Providence m'a protégé, et, puisqu'il s'agit de faire le bien, elle me protégera encore; j'espère revenir demain, mais dans l'incertitude du départ de M. Soutzo, je préfère t'adresser ces quelques lignes, et dès mon retour je m'empresserai de te faire part du résultat de mon expédition [1].

J'ai en outre obtenu deux extraits mortuaires dont M. Eynard m'avait chargé et je les joindrai à ses dépêches. Adieu, chère et bonne mère, mille

[1] Voir Rothpletz, Emile: *Correspondance Gosse-Cochrane*, p. 97 (lettre N° 56).

choses amicales à Mme Céard [1], la maman, son billet était charmant, mon souvenir affectueux à sa famille, à nos bons parents, à Louise, à nos braves voisins.

L.-A. Gosse.

M. Munier m'a prié de prendre des informations sur un jeune étudiant en médecine, Chardonnet, venu en Grèce en novembre dernier; le résultat de ces informations est que ce jeune homme est vivant et qu'il se trouve à Ambelaki dans l'île de Colouri ; je chercherai d'obtenir des renseignements plus positifs et je te les ferai parvenir incessamment.

Veuille faire parvenir la lettre ci-jointe à l'épouse de l'amiral Cochrane en la remettant à M. Eynard.

10.

A bord de l'*Hellas*, vis-à-vis Céphalonie, 16 septembre 1827.

Mon excellente mère,

Bien des mois se sont écoulés, sans que mon retour à Genève ait pu être fixé d'une manière certaine, et cependant personne ne nourrit plus que moi le désir de vous rejoindre. Comment en effet abandonner le poste que j'occupe dans un moment aussi décisif pour la Grèce, lorsque le nombre des Européens qui se sont dévoués avec désintéressement à la cause de ce malheureux pays diminue chaque jour. Comment abandonner notre digne amiral, si bon,

[1] Mme Françoise Céard-Massé, veuve de Nic. Céard († 1821), inspecteur général divisionnaire au corps impérial des Ponts et Chaussées.

si aimable, qui, quoique isolé, fait les plus grands sacrifices pour se rendre utile et supplée par les ressources de son génie aux moyens matériels de soutenir la guerre presque seul dans ce moment. Je suis donc disposé à rester encore ici quelque temps, à moins que tu n'en décides autrement, dans quel cas je suis prêt à suivre ta décision. Je viens d'abandonner temporairement Poros et la commission philhellénique pour accompagner lord Cochrane dans une expédition sur les côtes de l'Albanie; peut-être me rendrai-je à Corfou pour y rassembler des provisions, des munitions et de l'argent. Telle est ma vie vagabonde, chère mère, me voilà rapproché aujourd'hui des côtes de l'Italie, par conséquent de ma chère patrie; et peut-être demain serai-je transporté sur les parages de Candie, dans les mers de l'Asie ou de l'Afrique.

Malgré cela ma santé continue d'être parfaite, les climats chauds ne l'ont pas altérée, le travail est mon élément et ma sauvegarde. J'apprends avec plaisir par l'entremise de Mme Le Texier que tu te portes également bien, et que l'air de Mornex [1] continue d'être favorable; soigne ta santé, chère maman, évite la fatigue, tout effort inutile est une perte fâcheuse à ton âge, évite surtout les courants d'air et l'humidité. Que je regrette pour toi la compagnie de ton aimable secrétaire actuellement à Mornex, que je te souhaite son prompt retour! En attendant, je n'en doute pas, tu seras entourée par nos excellents parents et amis, et leur sollicitude m'est un garant de ton bien-être.

Je t'ai écrit dernièrement par voie de Gênes et

[1] Mornex, village en Savoie, à la base d'une colline « qui depuis cent ans porte le nom du Mont-Gosse ».

j'ai remis ma lettre à M. Soutzo, jeune Hydriote qui se propose de séjourner quelques jours à Genève.

Je ne t'entretiendrai pas de la politique de ce pays-ci, elle serait trop affligeante pour les amis des Grecs; que penseraient-ils lorsqu'ils connaîtraient comme moi les défauts qui entachent cette nation? Comment les convaincre que quelques noms épars seuls font exception et que même plusieurs des individus que j'avais jugés le plus favorablement rentrent dans la classe des citoyens... qui, par leurs intrigues et leur égoïsme sont tout à fait contraires aux véritables intérêts de leur patrie. Au reste tous ces défauts n'effacent pas ceux des Turcs et ne doivent pas nous empêcher de secourir les Grecs malgré eux; il s'agit d'une conquête sur le despotisme et sur l'ignorance, combattre en faveur de leur cause est donc combattre pour la nôtre.

J'espère que M. Eynard sera de retour à Genève de son voyage d'Angleterre [1], et dans ce cas je te prie de vouloir bien le remercier de la lettre obligeante qu'il m'a adressée de Londres; quoique je tienne à remplir mes devoirs sans attendre l'approbation d'autrui, je n'ai pu qu'être sensible à la confiance dont il m'honore.

Si tu vois M. de Candolle, dis-lui que j'ai cherché à m'acquitter de sa commission relative à l'herbier échoué sur les côtes d'Arcadie, mais que toutes démarches ont été jusqu'à ce jour inutiles, le pays étant entre les mains d'Ibrahim. Le (soi-disant) gouvernement grec, ingrat et sot, n'a d'ailleurs rien fait pour nous obliger. Avec quelle impatience nous attendons l'arrivée de M. Capo d'Istria! Combien sa

[1] Voir Rothpletz, Emil: *Der Genfer J.-G. Eynard als Philhellene (1821-1829)*, Zurich, 1900, pag. 77.

présence est nécessaire pour empêcher la dislocation générale de la Grèce!

Un événement triste s'est passé dernièrement à notre bord. Un fils de Lucien Bonaparte, jeune homme de 19 ans (Paul), charmant, rempli de courage et de bonne volonté, était venu en Grèce pour défendre la cause de la liberté; il avait été admis dans la frégate par lord Cochrane et promettait les espérances les plus flatteuses. Le 6 septembre, en rade de Spezia, il suspend imprudemment ses pistolets armés par le gatillon; l'un d'eux part et le transperce à bout portant. La blessure, ayant traversé les intestins était mortelle; au bout de seize heures il expirait malgré les soins les plus actifs [1]. Je ne l'ai pas quitté et n'ai pu qu'être frappé de l'énergie qu'a développée dans cette occasion le neveu de Napoléon.

Lorsque tu visiteras les membres de la respectable famille de Mme Céard ne manque pas de me rappeler à leur bon souvenir et de les remercier de ma part des témoignages d'amitié qu'ils ont bien voulu me faire parvenir. Mes amitiés sincères à Mlle Rath et à la famille Prévost.

Que devient mon brave collègue et ami Jean-Louis [2]? Il aura rassemblé en mon absence des trésors scientifiques, tandis que je n'ai pu m'entretenir que d'argent à recevoir et à payer, de provisions de bouche, de munitions de guerre; impossible de m'occuper d'histoire naturelle, de beaux-arts, tous mes instants ont été absorbés par les besoins du moment et par les intrigues sans cesse renaissantes des Grecs. Je suis devenu en particulier la bête noire des habitants d'Hydra; leurs primats, jaloux

[1] Voir l'appendice.
[2] Le Dr J.-L. Prévost.

de notre administration, m'ont attaqué dans les journaux, mais lord Cochrane a pris ma défense et s'en est acquitté de main de maître.

Mille choses amicales, je le répète, à Mlles Rath, à Mmes Prévost et en général aux aimables dames qui composent la société; je te prie aussi de me rappeler au souvenir de nos bons parents Agasse et Audeoud, de nos obligeants voisins Ducrest et Vignier, de ta fidèle Louise. Adieu, ma bonne mère, compte sur mon exactitude à te faire parvenir de mes nouvelles.

Ton dévoué fils

L.-A. Gosse.

Port de Corfou, 18 septembre 1827.

Me voilà arrivé au terme de mon excursion, et je vais chercher à voir M. Viaro Capo d'Istria, mais je suis décidé à rester en panne, sans jeter l'ancre, afin d'éviter la quarantaine. Il en résulte que je ne pourrai pas écrire à M. Eynard comme je me l'étais proposé. Je te renouvelle mes vœux pour ton bien-être.

L.-A. Gosse.

11.

A bord l'*Andezilos*, rade de Zante,
4 janvier 1828.

Ma bonne mère,

Si je ne t'ai pas écrit directement, tu auras sans doute reçu de mes nouvelles à plusieurs reprises, soit par M. Eynard, soit par Mmes Rath et Le Texier, mais je ne puis quitter cette fois Zante sans te faire parvenir l'expression de mon respect filial et de ma tendresse invariable. Je sais que tout ce que je pourrai faire ne pourra racheter ma dette de reconnaissance et d'attachement pour toi, mais tu connais ma bonne volonté, mes intentions sincères, et, je suis sûr, ton cœur maternel me servira d'avocat.

J'ai reçu plusieurs de tes lettres, mais d'une manière fort irrégulière, et il y a tout au plus six semaines que la cafetière qui les accompagnait m'est enfin parvenue. Grand merci, chère maman, c'est un présent de valeur dans un pays où l'on prépare ordinairement le café à la turque, c'est-à-dire en bouillie; mais il manque un ustensile important, qui devait l'accompagner, c'est le moulin, car ici on pile le café, et si fin qu'il passerait à travers une toile métallique.

Une nouvelle année commence, le président Capo d'Istria est près d'arriver ou doit être arrivé, mon rôle est donc bientôt à sa fin, je vais lui rendre mes comptes, et je pars sans attendre la terminaison quoiqu'on m'engage beaucoup à ne pas abandonner la Grèce avant cette époque. Les individus zélés et désintéressés sont, il est vrai, très rares dans ce pays, mais j'ai fait un assez grand sacrifice de tout abandonner pour m'y rendre, de t'abandonner surtout à ton âge, de sacrifier une portion de ma fortune pour un peuple qui ne vous en sait pas gré et même qui vous considère comme une pierre d'achoppement. Au reste je le lui pardonne, il ne peut porter un autre jugement, par suite de l'éducation qu'il a reçue et je souhaite de tout mon cœur qu'il obtienne sa liberté définitive ; malgré ses défauts choquants pour nous autres Européens, la masse de la nation présente des qualités non moins estimables que la plupart des populations plus civilisées.

Je regretterai même certains individus que j'ai appris à connaître, je regretterai surtout l'excellent climat, la température agréable, le beau ciel dont on y jouit. Que de fois n'y ai-je transporté mon petit ermitage ! La Grèce cultivée, la Grèce civilisée sera un véritable paradis, mais il faut du temps, nous vieillirons, nos enfants vieilliront et vraisemblablement ni eux, ni nous ne verrons cet âge d'or.

On me dit que tes yeux se sont mieux trouvés pendant l'été, nous viendrons les guérir ici, je te réponds qu'une bonne chaleur n'y manque pas. Mais je m'aperçois que j'extravague, car je ne pense pas à tes soixante-dix ans. Je voudrais bien pouvoir te rajeunir de quelques années ; tu aimes les voyages, je te ferais parcourir avec moi les sites les plus agréables, tu deviendrais marin comme je le suis devenu, et nous établirions une colonie suisse dans quelque endroit fertile de l'Archipel.

Adieu, ma chère mère, on nous presse de partir, je suis à bord d'un bâtiment grec et le pavillon de cette nation n'est pas encore reconnu dans les îles ioniennes ; il faut se soumettre à ces petites vexations sans dire mot et jusqu'à nouvel ordre.

Genève, me dit-on, s'embellit, les amitiés n'y vieillissent point, tant mieux, j'y rentrerai avec d'autant plus de plaisir. En attendant, rafraîchis, je t'en prie, mon souvenir auprès de ces amis de cœur, disleur que mes sentiments n'ont pas changé, que mon caractère est le même, et que l'ingratitude n'est pas mon défaut.

Je ne t'ai point parlé de ma santé, elle est excellente malgré des fatigues et des contrariétés sans nombre.

Mes compliments à Louise, je lui recommande de te bien soigner.

Adieu, ton dévoué fils

L.-A. Gosse.

12.

Ma bonne mère,

Tu auras reçu de mes nouvelles par voie de Zante en date du 4 janvier 1828, et la lettre actuelle te prouvera que je ne laisse échapper aucune occasion pour t'exprimer mon attachement et ma reconnaissance. Après un voyage des plus orageux, je suis rentré à Poros et de là je me suis dirigé par Egine sur Syra où je me trouve actuellement. Dieu merci, ma santé n'a nullement souffert malgré les fatigues inséparables d'une vie aussi vagabonde et, en l'absence de notre digne président qui n'est pas encore arrivé, je me suis décidé de transporter des vivres à nos bâtiments nationaux qui se trouvent dans les environs de Scio et de Smyrne. Lord Cochrane nons ayant quittés temporairement, j'aurai ainsi utilisé mon activité et mon zèle dans l'intérêt de la cause que j'ai embrassée et j'emporterai du moins la satisfaction d'avoir rempli avec persévérance la tâche qui m'était imposée.

Je profite aussi de l'occasion actuelle pour te recommander particulièrement un jeune Grec, Antoine Manaraki, fils du consul espagnol à Syra, qui, d'abord envoyé à Paris, doit être conduit à Genève pour y suivre à son éducation. J'ai des obligations envers son digne père et je serai enchanté que tu puisses lui être utile et agréable en surveillant le jeune homme dont le caractère est excellent et qui a été habitué à un traitement doux dans la maison de ses parents; si par malheur il devenait malade, je le recommande à mon ami le docteur Prévost, et tu me feras plaisir de me donner de ses nouvelles toutes les fois que tu m'écriras.

J'ai reçu dernièrement une ancienne lettre du mois de juin que tu avais remise à M. Lunzi, mais il ne m'est parvenu aucun des journaux de Genève dont tu m'avais annoncé l'envoi; je regrette d'autant plus la suppression de cet envoi que j'ignore ce qui se passe dans notre heureuse patrie et que les événements du jour ne sont pas propres à nous égayer.

M. Eynard doit avoir reçu une longue épître que je lui ai expédiée de Corfou, et j'attends avec impatience la réponse.

Adieu, chère mère, mille choses amicales à nos parents et connaissances, pour toi l'effusion d'un cœur qui sent vivement les sacrifices que tu as faits et les devoirs qui lui sont prescrits.

Ton dévoué fils

L.-A. Gosse.

Hermopolis (Syra), 21 janvier 1828.

P.-S. Tu pourras adresser mes lettres sous le couvert de M. Georges Goulelio, à Constantinople, par l'entremise de M. Antoine Manaraki, consul espagnol à Syra, dans le cas où il ne se présenterait aucune autre occasion; bien entendu qu'il ne faut point parler politique.

13.

Napoli de Romanie [1], 2/8 mars 1828.

Mon excellente mère,

J'apprends à l'instant qu'un courrier va partir pour Malte et Marseille et je m'empresse en conséquence de te donner de mes nouvelles. Depuis ma dernière lettre voie de Corfou, je suis revenu dans les mers de l'Archipel et j'ai terminé la mission dont j'étais chargé. Lord Cochrane ayant abandonné temporairement la Grèce, j'ai été de nouveau chargé d'une partie des revenus de Syra, j'ai acheté des vivre et les ai transportés à Scio. De là j'ai regagné Egine où se trouvait notre digne président Capo d'Istria, avec l'intention de lui rendre mes comptes; mais en l'absence de lord Cochrane, S. E. a jugé convenable de renvoyer leur examen jusqu'au retour de ce dernier, il m'a donc prié de rester encore quelque temps avec lui et doit t'écrire à cet effet. Après un court séjour à Egine, je suis retourné à Poros, pour y soigner un des officiers de M. de Heideck, blessé mortellement par l'imprudence d'un chasseur; j'y ai été rejoint par le président; actuellement je me trouve avec lui à Napoli de Romanie où l'on cherche à établir quelque ordre; enfin nous retournerons demain par terre à Poros, avec les troupes de Griva qui ont abandonné les forts de cette ville et qui se rendent au camp de Demola près Poros. Tu vois que ma vie continue d'être bien active, bien vagabonde, mais que faire, lorsque c'est le désir du président malgré le peu d'utilité dont je

[1] C'est Nauplie ou Napoli di Romania.

lui suis pour le moment? Jusqu'à ce jour, j'ai rempli par intervalles les fonctions de secrétaire avec notre ami Bétant, je suis occupé de la statistique des îles, d'impôts, etc., je donne quelques conseils médicaux ; j'ai abandonné l'administration de la flotte sans pouvoir entreprendre de travaux d'histoire naturelle ou d'antiquités.

Ma santé continue d'être excellente, l'exercice violent et journalier que j'ai pris paraît me convenir, je couche sur des planches, sans couverture, je n'ai plus de domestique, mais les privations ne me pèsent pas pourvu que le moral soit en bonne disposition.

L'hiver a été pluvieux et froid, néanmoins les amandiers et les pêchers sont en fleurs depuis un mois et toute la nature est verdoyante; c'est presque le seul bon côté de ce pays qui contribue à dissiper les ennuis et à faire oublier les contrariétés.

L'horizon politique de la Grèce s'éclaircit grâce à l'intervention des puissances, l'obstination du sultan et la sagesse du président. La Morée sera bientôt délivrée d'Ibrahim, on est en pourparlers, les troupes turques de l'Attique manquent de vivres, les Albanais sont prêts à se révolter, l'expédition de Scio, quoique non terminée, prend une tournure favorable, et les Grecs doivent avoir fait des progrès en Candie.

Quant aux finances, elles sont dans un triste état, mais on travaille à les remonter; on vient de former une banque nationale, et déjà le numéraire arrive. Capo d'Istria est occupé jour et nuit, et ses veilles portent d'heureux fruits; il a su concilier tous les intérêts, faire taire les intrigues, développer de nouvelles ressources et vaincre des obstacles insurmontables pour tout autre; lui seul pouvait tirer la Grèce du péril où elle se trouvait, et l'estime que lui portent les divers cabinets européens influera sans doute sur leur intervention en faveur du pays qu'il gouverne.

M. Bétant se porte fort bien, quoique harassé de fatigue il remplit sa tâche on ne peut pas mieux et possède toute la confiance du président; il n'aura pas sans doute le temps d'écrire à sa famille et dans ce cas je te prie de donner de ses nouvelles.

Louis m'écrit que tu commets toujours quelque imprudence, que tu ne fais pas attention à ta santé; cela n'est pas bien, chère maman, tu m'as promis de te soigner, il faut tenir ta parole, surtout prends garde au froid, on me parle de catarrhes qui récidivent, c'est dans la saison actuelle qu'il faut les prévenir et consulter pour cela l'ami Prévost.

Les lettres de Mmes Le Texier et Rath m'ont fait un sensible plaisir et m'ont prouvé leur constante amitié, je regrette de ne pouvoir leur répondre faute de temps. Mlle Rath doit avoir reçu une lettre datée de Corfou en même temps que Mme Le Texier, elle n'en fait pas mention.

Mon souvenir affectueux à la famille Céard, en particulier à la digne maman.

La mort de mon respectable oncle [1] ne m'a point surpris, surtout après les attaques de vertiges dont il s'était si souvent plaint, et je conçois l'isolement dans lequel se trouve sa fille, exemple unique de tendresse envers lui ; embrasse de ma part cette bonne cousine.

Mille choses aimables à nos cousins Audeoud, aux aimables dames qui composent la société, à nos

[1] Jacob Binet-Gosse (1756-1828) ?

bonnes voisines, à l'excellente famille Prévost, au Dr Dupin, Le Royer, etc. Je remercie particulièrement Louise des soins qu'elle te donne, et prends bien part aux pertes qu'elle a essuyées.

Adieu, chère mère, ton dévoué fils

L.-A. Gosse.

14.

Ma chère et bonne mère,

Je t'ai annoncé plusieurs fois mon désir de te rejoindre emportant avec moi le témoignage de ma conscience et l'approbation des gens de bien ; tu m'as tracé la marche à suivre dans ces circonstances, tes conseils ont servi de règle à ma conduite, je suis resté pour mettre ordre à mes affaires et pour utiliser les connaissances que j'ai acquises dans ce pays; néanmoins cet état ne pouvait durer, j'ai écrit il y a quelques jours au président pour lui communiquer ma résolution de quitter la Grèce au plus tôt, en lui donnant des raisons à l'appui; ci-joint les réponses que j'en ai reçues [1] ; que faire ? quel parti prendre? Dans l'embarras où je me trouve, j'ai cru devoir te laisser l'arbitre de ma destinée. Oui, ma digne mère, si mon retour immédiat te paraît nécessaire, rien ne m'arrêtera; si au contraire, faisant abnégation de toi-même, tu penses qu'une prolongation de séjour peut devenir utile à mes semblables par mes travaux, avantageux à ma personne en assurant ma réputation, j'accepterai avec reconnaissance ta permission et je continuerai de

[1] Le président Capo d'Istria pria le Dr Gosse de rester encore quelque temps en Grèce.

soutenir ton dévouement et ton courage par une conduite honorable et digne de tes vertus. Je connais toute la grandeur du sacrifice, décide, ordonne.

J'ai reçu à diverses reprises plusieurs de vos lettres, mais dix au moins ont été égarées, je t'ai répondu le plus souvent possible, j'ai prié M. Eynard de te donner de mes nouvelles, j'espère que ma correspondance n'aura pas autant souffert que la vôtre.

Ma santé est toujours excellente, que ne puis-je en dire autant de la tienne et surtout de ta vue dont l'affaiblissement m'afflige! Heureusement que tu es entourée de vrais amis, de bons parents; assure-les de ma reconnaissance et de mon attachement. Adresse surtout l'expression de mon amitié sans bornes à la famille Audeoud, Mlle Agasse, à la famille Céard, Mlles Rath, à Mme Schneener dont j'ai reçu la lettre, et remercie pour moi Louise des soins qu'elle te donne.

Ma position en Grèce est peu changée depuis le départ de lord Cochrane; j'ai continué de faire partie de la commission de la flotte, de tenir la caisse et je me suis occupé de travaux de statistique intéressants. Cet ouvrage que je m'empresse d'achever est approuvé par le président, il en parle dans sa lettre. En outre j'exerce toujours la médecine, je suis aussi chargé de l'inspection d'une école nouvelle d'orphelins. J'ai desservi l'hôpital américain, maniant alternativement les pilules et la plume. Je crois avoir rendu quelques services à la malheureuse population de ce pays, par mes conseils médicaux, et quelques services à notre digne président en l'éclairant sur ses intérêts, sur ceux de son pays et en particulier sur les finances de la Grèce.

Les affaires de la Grèce vont bien grâce à l'obstination du sultan et aux préjugés de son peuple. J'espère qu'avant mon départ il y aura quelque chose de décidé au sujet de sa liberté. Dieu le veuille! Les Grecs ont besoin de repos pour les civiliser et ils en sont très capables, quoi que l'on en dise.

Adieu, chère mère. Adieu, je ne puis pas prolonger ma lettre, parce qu'on l'attend pour la porter à Egine, mais le papier te portera mille baisers... Adieu.

Ton dévoué fils

L.-A. Gosse.

Poros, 1/13 avril 1828.

15.

Egine, 10/22 décembre 1828.

Ma bonne mère,

Je croyais pouvoir partir vers le commencement du mois de novembre, j'espérais pouvoir t'embrasser dans le courant de ce mois ou en décembre, les circonstances en ont disposé autrement; l'arrivée de lord Cochrane, la nécessité de régler ses comptes, de justifier son administration, et par conséquent de me justifier en qualité de son agent, m'ont forcé de prolonger un séjour déjà trop long en Grèce. Dieu merci, tout est terminé, tout est en règle, notre digne amiral a été vengé d'une manière éclatante, malgré les intrigues et les cabales, et j'ai eu l'honneur de jouer le rôle de négociateur et de conciliateur. Je serai donc à même de reprendre la route de ma patrie, de revoir mes pénates chéries, de te serrer dans mes bras, et de présenter un fils qui, fixe dans ses principes, invariable dans sa conduite, est parvenu à s'acquérir l'estime de divers partis.

Je me rendrai demain à Nauplie pour terminer mes affaires avec M. Kaering, de là je reviendrai auprès du président pour prendre congé et m'embarquerai pour Navarin et pour Toulon ou Marseille. Ma santé est excellente et j'ai repris mon activité, et elle ne suffit pas pour faire face à toutes les occupations dont je suis chargé, service de santé, poste, statistique et conciliations, etc., cela ne finit jamais.

Lord Cochrane est parti, je regrette de n'avoir pu l'accompagner, mais il m'a promis à son arrivée en France de te donner de mes nouvelles, ou même d'aller te faire une visite; c'est un brave et digne chef, dont j'ai admiré les talents et estimé la moralité et qui m'a honoré de son amitié.

J'ai reçu une aimable lettre de Mme Le Texier dans laquelle elle me dépeint sous des couleurs sombres d'isolement où elle se trouve depuis la mort de sa digne mère; je serai bien heureux de pouvoir diminuer cet état de malaise à mon retour, en attendant rappelle-moi à son précieux souvenir.

Le séjour que tu as fait à Neuchâtel au milieu de nos bons parents t'a, dit-on, rajeunie. Que j'accepte cet augure avec joie! Que je bénirai les soins qu'on t'a prodigués! Ne manque pas de laisser exprimer ma vive reconnaissance et de leur annoncer ma visite prochaine. Et notre bonne Louise, continue-t-elle d'être ta fidèle compagne? Dans ce cas je la remercie sincèrement de son zèle et de son attachement.

Il me serait bien long de rappeler ici toutes les personnes qui me sont chères et auxquelles je te prie de faire mes amitiés, mais je ne puis passer sous silence les noms des familles Prévost, Rath, Céard, ceux de nos dignes voisins Ducrest et Vignier, des aimables dames qui composent ta société, de mes braves collègues Dupin et Le Royer; dis-leur bien que je me réjouis de les rejoindre, malgré le beau climat de la Grèce et les attentions dont je suis environné dans ce pays.

Adieu, chère et bonne mère, je t'écrirai vraisemblablement à mon arrivée en France, mais ma plume ne pourra jamais assez te répéter combien je t'aime et combien je languis de te retrouver heureuse et bien portante.

Ton dévoué fils

L.-A. Gosse.

16.

Ma bonne mère,

J'apprends avec étonnement que tu n'as pas reçu depuis longtemps de mes nouvelles et que tu es inquiète sur mon sort ; cependant j'avais écrit à M. Eynard en le priant de te donner des informations sur mon existence actuelle, il y a environ un mois que je t'ai expédié directement une lettre voie Marseille, où je te parlais de mon départ prochain et de l'état de ma santé.

Je regrette vivement d'avoir pu te causer des inquiétudes, mais ce n'est pas tout à fait ma faute. D'ailleurs je comptais de jour en jour pouvoir t'annoncer mon arrivée à Toulon; les événements en ont décidé autrement, et je m'empresse de te répéter que mon départ est toujours très prochain, mais qu'il ne dépend pas entièrement de moi: les affaires de lord Cochrane, un voyage à Calavryta, dans l'intérieur de la Morée, pour inspecter l'épidémie de peste qui y régnait, m'ont reporté à Nauplie, et j'y travaille continuellement avec M. Kaering pour rédiger les comptes de la flotte afin de pouvoir en remettre une copie au président. Voilà ce qui m'a retenu, voilà ce qui me retient encore ici, mais j'espère d'en sortir dans cinq ou six jours, et alors rien ne m'empêchera d'entreprendre mon retour.

Ma santé a été assez éprouvée par le voyage en Morée, dans les neiges, au milieu des précipices et des torrents, et je m'en suis tiré avec une petite fièvre tierce qui reparaît toutes les fois que je m'expose imprudemment au froid et à l'humidité, mais qui cède aussi facilement à l'usage du sulfate de quinine et à l'influence de la chaleur.

M. Jucherau [?] de St-Deny, agent du gouvernement français en Grèce, m'a donné l'assurance positive d'un passage sur un bâtiment royal et je me rendrai incessamment à Navarin pour profiter de son offre obligeante.

M. Bétant [1] sera sans doute arrivé en Genève, il pourra mieux que personne te décrire ma vie hellénique, vie bien active, bien pénible, mais que je ne suis pas fâché d'avoir entreprise et achevée; ce pauvre ami a été lui-même la victime d'une des maladies du pays, et il a bien fait de retourner promptement.

Il me tarde de le joindre et de vous rejoindre; en attendant embrasse de ma part nos bons parents et

[1] Ecrit : Betems.

amis, la famille Céard et Le Texier, nos voisins affectionnés, et présente mes hommages aux personnes qui daignent se rappeler de moi.

Mon souvenir à Louise.

Adieu, chère et bonne mère, je fais mille vœux pour le maintien de ta santé.

Ton dévoué et affectionné fils

L.-A. Gosse.

Nauplie, 24/5 février 1829.

17.

Lazaret de Marseille, 5 mai 1829

Mon excellente mère,

Ce ne sont plus des espérances lointaines, des vœux sans accomplissement, je vais donc jouir du bonheur de te revoir! Hier, après une traversée de seize jours, je suis arrivé à Marseille sur une frégate française, et depuis ce matin je me trouve dans le lazaret de cette ville, attendant avec impatience que la quaranaine de vingt jours se soit écoulée pour continuer mon voyage vers Genève. Ma santé s'est améliorée et le repos d'esprit et de corps la rétablira complètement, j'en suis persuadé, mais il était bien nécessaire pour cela que je ne regagnasse notre patrie que dans la saison tempérée actuelle, car je suis devenu tellement sensible aux variations atmosphériques que le froid de l'hiver passé m'aurait fait rechuter si j'avais entrepris la route dans cette saison.

Les derniers mois de mon séjour en Grèce n'ont d'ailleurs point été perdus, j'ai surveillé une nouvelle épidémie de peste qui s'était développée en Morée, j'ai mis mes affaires en ordre et rendu mes comptes à S. E. le président, enfin j'ai rédigé divers rapports sur des objets d'utilité publique. Cet exposé de ma conduite doit te faire pressentir que mon départ de ce pays a été honorable, et, en effet, j'ai reçu de toutes parts des témoignages d'affection et d'estime.

Je n'ai donc point à craindre de rentrer dans ma patrie, ayant à rougir de mes actions, puisque j'ai rempli la tâche qui m'était imposée avec l'approbation de mes semblables.

Qu'il m'est doux dans cette circonstance de pouvoir me dire ton fils et de te faire hommage du bien que je puis avoir fait!

Adieu, chère et bonne mère, je termine ex-abrupto ma lettre pour l'envoyer à la poste, j'espère dans ma prochaine avoir un entretien plus long.

Mille amitiés à nos chers parents, amis et voisins.

Adieu, ton dévoué fils

L.-A. Gosse.

18.

Ma bonne mère,

Tu dois avoir reçu de mes nouvelles de Chambéry, de Turin, d'Alexandrie et de Gênes; je viens maintenant t'en donner de Florence, où je suis arrivé vendredi matin 7 mai, en très excellentes dispositions.

Mon voyage, comme je le prévoyais, a été non

seulement libre de tout accident, mais favorable au delà de mes souhaits: le temps était magnifique, mes compagnons, gais et complaisants; à Chambéry j'ai été reçu amicalement dans la famille de M. Bonjean, le pharmacien; Madame son épouse, toujours vive, toujours aimable, m'a demandé de tes nouvelles avec beaucoup d'intérêt. A Turin, j'ai eu l'avantage de visiter M. Bonelli, directeur du musée, et, vu son état de maladie, de pouvoir lui donner quelques conseils médicaux. A Gênes se trouvait Mme St-Ours avec sa chère famille; on m'a comblé d'amitiés; enfin, ici, MM. Gonin, Maunoir, La Rivière, etc., tous nos compatriotes, se sont empressés de prévenir mes désirs; j'ai eu le plaisir d'embrasser notre cousin Maritz et je suis logé à la campagne chez lord Cochrane qui me traite comme son fils. Lady Cochrane est un peu mieux, et samedi, 15 mai, est le jour fixé pour notre départ; nous traverserons Bologne, Parme, Milan, Domo D'Ossola, le Simplon et arriverons promptement à Genève; j'ai regretté de n'avoir pu partir plus tôt, mais à l'impossible nul n'est tenu.

J'espère, chère maman, que pendant mon absence, ta santé se soutiendra, ménage-la, et surtout évite de te fatiguer outre mesure, car dans ta position, tout exercice prolongé devient cause de faiblesse.

Il est pénible d'être privé de vos nouvelles, mais dans l'ignorance où je me trouve, je te prie de faire mille amitiés de ma part à Mme Le Texier (et à son aimable fille) si elle est encore résidente à Genève, de ne point m'oublier auprès de nos amis Prévost, Tollot, de nos chers parents Audeoud, Agasse, etc.

Louise aura sans doute regagné Genève et abandonné Mornex, et Caroline te sera restée fidèle; je leur souhaite le bonjour à toutes deux.

Adieu, chère mère.

Ton dévoué fils

L.-A. Gosse.

Florence, 12 mai 1830.

19.

Brigue en Valais, 26 mai 1830.

Ma bonne mère,

J'avais eu l'espérance d'arriver promptement à Genève. Cette espérance a été trompée par des contrariétés; récidives résultant de la faiblesse et du malaise qu'éprouve en route lady Cochrane, et qui nous ont forcés de séjourner à Milan, à Arona sur le lac Majeur, et ici après avoir traversé le Simplon, mais les obstacles principaux ont été surmontés. Je me flatte que nous gagnerons demain Martigny et que vendredi ou samedi j'aurai le bonheur de te serrer dans mes bras.

Adieu, chère maman, je souhaite que ta santé soit aussi bonne que la mienne. Mes amitiés, compliments et respects à qui de droit et en particulier à nos bons parents Audeoud, Agasse, aux amis Prévost, Dupin, et à notre maison et voisins.

Adieu, ton dévoué fils

L.-A. Gosse.

APPENDICE

Rapport du Dr Gosse sur la mort accidentelle du jeune Paul Bonaparte, fils de Lucien Bonaparte.

Paul Bonaparte, âgé de 18 à 19 ans, était depuis quelques jours à bord de la frégate grecque *Hellas* pour y servir sous les ordres de lord Cochrane et s'y était fait remarquer par sa bonne volonté, l'amabilité de son caractère, la solidité de son jugement et de son instruction, la modération de ses principes, lorsque le 6 septembre 1827, à 9 heures du matin, le bâtiment étant en rade de l'île de Spezia, il descendit dans sa chambre avec son domestique Lamberti, Romain d'origine.

On entendit bientôt un coup de feu, suivi de l'exclamation : « Oh! mon Dieu, je suis mort! » et un officier de la frégate qui se trouvait près de là, M. Curillo, s'étant avancé, trouva la chambre remplie d'une fumée épaisse, M. Bonaparte étendu par terre, ses vêtements en feu et blessé dans le côté de la poitrine.

A la question adressée par M. Curillo sur ce qui s'était passé, le domestique répondit que c'était un accident. Sur ces entrefaites arriva lord Cochrane, M. Johnson, Anglais, chirurgien de la frégate et d'autres officiers. Le blessé leur apprit qu'il avait imprudemment suspendu par le gatillon à la paroi de sa chambre ses pistolets chargés et armés, qu'au moment où il avait voulu dépendre l'un d'entre eux pour le désarmer, le coup était parti et que la balle était entrée dans la région du foie. Il souffrait beaucoup et demandait instamment qu'on fît l'extraction de la balle. Le Dr How, Américain, qui se trouvait à Spezia ayant été appelé en consultation, reconnut l'impossibilité d'extraire les corps étrangers et la gravité de l'accident; mais il fit pratiquer une saignée abondante pour contrebalancer les symptômes inflammatoires et fit administrer des lavements émollients et laxatifs.

Le malade fut transporté auprès de la cabine de l'amiral, pour lui faciliter l'administration des secours. J'arrivai à midi de Poros à Spezia avec la goélette *Unicorn* et, sur l'invitation de lord Cochrane, je me rendis de suite à bord de la frégate pour visiter M. Bonaparte en l'absence de M. le docteur Bryce, chirurgien en chef.

A l'accablement primitif avait succédé une réaction modérée. Le pouls battait 87, plein, sans dureté. Chaleur naturelle, face peu altérée. Langue chargée, un peu sèche, soif, abdomen peu tendu. Douleurs abdominales, très vives, surtout vers la région sus-pubienne, augmentant sous la pression. Aucune selle, même par lavements, impossibilité d'uriner, mouvements douloureux, angoisses. La plaie arrondie, correspondante aux fausses côtes droites, était rétrécie et très légèrement ecchymosée dans son contour.

Traitement : *Fomentations tièdes et émollientes sur l'abdomen, lavements émollients. Bain tiède...*

Lord Cochrane, fort attaché au jeune Bonaparte, ne le perdit pas de vue et continua jusqu'au dernier moment de lui prodiguer les soins les plus empressés.

... Après cet examen, nous enveloppâmes le cadavre dans des bandes de toile et nous le plaçâmes dans un tonneau cerclé de fer qu'on remplit ensuite de rhum. La frégate étant sur le point de partir, on résolut de transporter les restes mortels de M. Paul Bonaparte à Spezia et de les déposer, jusqu'à nouvel ordre, dans le couvent près du fort. Le transfert fut effectué dans la matinée, mais tous les officiers grecs de l'escadre y assistèrent, guidés par leur vénérable chef, l'amiral Miaulis. Lord Cochrane, étant indisposé, ne put accompagner le convoi.

L.-A. Gosse.

Rade d'Egine, 23 octobre 1828.

INDEX DES PERSONNES CITÉES

TABLE DES MATIÈRES

IMPRIMÉ EN SUISSE

IMPRIMÉ EN SUISSE

www.ingramcontent.com/pod-product-compliance
Ingram Content Group UK Ltd.
Pitfield, Milton Keynes, MK11 3LW, UK
UKHW020321220726
13923UKWH00003B/1287